Man heiratet ja nur einmal...

..... hoffentlich -

so kommt es wie aus einem Mund von dem sichtlich gestressten Paar!

Denn eine Hochzeit bedarf schon einer großen Vorbereitung. Die Suche nach Brautkleid und Anzug, oft der geringere Aufwand als all die anderen Sachen die da noch geregelt werden müssen! Kleine Streitereien sind oft vorprogrammiert!

Um noch die ganz persönliche Note einzubringen werden häufig Einladungs-, Tisch- und Menükarten sowie Danksagungen selbstgemacht. Im Zeitalter des Computers kein Problem.

Und dieses Buch soll mit seinen zahlreichen Ideen die Gestaltung erleichtern! Hierzu wird eine Fülle von Zubehör in jedem Bastelfachhandel angeboten.

Viel Spaß beim Basteln, und eine tolle Hochzeit!

wünscht Euch

Barbara

Techniken:

Stempeln in Embossing-Technik:

Hierzu erhältlich: Embossing-Stempelkissen, Embossing-Pulver in unterschiedlichen Farben!

Im Gegensatz zum normalen Stempeln wird bei der Embossing-Technik der Stempel nur aufs Stempelkissen „aufgetupft"!.Anschließend mit leichtem Druck abstempeln und das Embossingpulver darüber streuen. Ein altes Blatt Papier unterlegen und das überschüssige Pulver abklopfen. Noch sichtbares Pulver außerhalb des Stempeldrucks durch leichtes blasen oder abstauben mit dem Pinsel entfernen. Anschließend heiß föhnen oder auf den Brötchenaufsatz des Toasters legen (Stempel oben) und so lange schmelzen lassen, bis eine gleichmäßige Oberfläche entsteht. Überschüssiges Pulver wiederverwendbar!

Tipp: Nicht zu sehr strukturiertes Papier verwenden, da sonst die Stempelung unregelmäßig werden kann! Bei sehr dickem Papier etwas näher an die Wärmequellen legen, - dauert auch etwas länger bis das Pulver zu schmelzen beginnt!

Dickes und glattes Papier am besten in der Embossing -Technik stempeln.

Embossing-Stift (verwendet bei Vorlage A): Es gibt auch anstatt des Stempelkissens einen Embossing-Stift, mit dem Sie die Muster malen können: Hierzu pausen Sie die Vorlage mit Transparentpapier ab und legen sie auf die Vorderseite der Karte. Nun mit einem Kugelschreiber die Linien nachfahren, so dass sich sichtbar eine Nut ins Papier drückt. Diese mit dem Embossingstift ausmalen und wie beim Stempeln in Embossingtechnik weiterverfahren.

Abpausen:

Die Bleistift-Methode: Auf einem Transparentpapier die Vorlage dick mit weichem Bleistift abpausen. Papier umdrehen und auf die Rückseite der zu bearbeitenden Karte auflegen und von oben mit einem harten Bleistift die Linien nachfahren.

Karten mit Motiv-Ausschnitten: Sie benötigen: Schneideunterlage, Skalpell, im Handel erhältliches Pauspapier in weiß oder gelb! Muster auf Transparentpapier abpausen. Auf die Rückseite der Karte direkt mit dem Pauspapier übertragen. Anschließend auf die Schneideunterlage legen und mit dem Skalpell entlang der Linie das Motiv ausschneiden.

Löcher stanzen: mit dem Papier-Locher!

Kleben: je nach Beschreibung mit Uhu-Stic, Bastelkleber oder mit Abstandsband.

Schneiden: normale Schere, außerdem die erhältlichen Zackenscheren in den unterschiedlichsten Mustern- je nach Geschmack!!

Sonstige Schriften: mit Lackmarkern malen.

Menü
Einladung
DANKE
Micha

Herzen & Draht

Einladungskarte:	Einzelblatt A4 in marineblau und marmorgrau Silberdraht 0,4mm ca. 1,3mtr. Silberperlen 4 u. 6mm (insg. ca. 20 St.)
Menükarte:	Karte A5 in marmorgrau, Einzelblatt in marineblau und marmorgrau, Reststück marineblau 5,5x10,5cm u. ca. 10x20cm für Herzen, Rupfenband silber 8x17cm 70cm Silberdraht 0,4mm, Silberperlen 4 u. 6mm Kordel silber 2mm ca .65cm
Tischkarte:	Tischkarte in marineblau und marmorgrau Silberdraht 0,4mm ca. 65cm, Silberperlen 4 u. 6mm
Danksagungskarte:	Karte B6 in marineblau und marmorgrau Silberdraht 0,4mm ca. 1,4mtr., Silberperlen 4u. 6mm
Sonstiges:	Bastelkleber, Zackenschere, Abstandsband

Anleitung: Vorlage C

Einladungskarte: Das marineblaue Blatt in der rechten unteren Ecke stempeln und mit der Zackenschere etwas abschneiden. Auf den Draht wahllos die Perlen auffädeln(ca. 20St.) und zu einem Ring aufwickeln. Die einzelnen Stränge dabei etwas verdrehen. Die Enden vorne zu einer Schnecke biegen. Die beiden Einzelblätter zusammenrollen und den Ring darüber schieben.

Menükarte: Auf die Karte in marmorgrau das Rupfenband mit dem Bastelkleber leicht aufkleben. Das bestempelte Reststück (mit der Zackenschere schneiden) und die Herzen (Vorlage C1- Herzen mit Silberstift umranden!) mit Abstandsband aufbringen. Dann als erstes das marineblaue und dann das graue Einzelblatt einlegen. Die Perlen auffädeln und locker 3-fach in die Karte einwickeln. Darauf achten, dass die Perlen außen liegen (ca. 15St.). Die silberne Kordel einbinden.

Tischkarte: Die marineblaue Karte etwas mit der Zackenschere kürzen und auf die graue Karte aufkleben. Auf den Draht die Perlen auffädeln (ca. 10St.) und um die Karte schlingen. Innen verdrahten.

Danksagungskarte: Marineblaue Karte rechts außen etwas mit der Zackenschere kürzen und bestempeln. Graue Karte einlegen. Auf den Draht die silbernen Perlen (ca. 10St.) auffädeln, um die Karte wickeln und innerhalb verdrehen.

... mit Blümchen

Einladungskarte:	Karte lang champagner, Einzelblatt bordeaux Satinbändchen creme 3 und 6mm je 40cm
Menükarte:	2x Karte lang champagner, Karte A5 bordeaux Kordel 2mm in bordeaux und creme je 60cm
Tischkarte:	Tischkarte champagner und bordeaux
Danksagungskarte:	Karte B6 in bordeaux und champagner Satinbändchen 3 und 6mm creme je 40cm
Sonstiges:	Schneideunterlage, Skalpell

Anleitung: Vorlage H

Einladungskarte: Blümchen und Rand nach Vorlage H1 mit dem Skalpell aus der champgnerfarbigen Karte ausschneiden. Einlageblatt auf Größe der Karte zuschneiden und einlegen. Karte lochen und die Satinbändchen einbinden.

Menükarte: Die Blümchen nach der Vorlage H2 mit dem Skalpell aus der champagnerfarbigen Karte ausschneiden. Ebenso die beiden Ränder der bordeauxroten Karte (Vorlage H3). Diese anschließend in die champagnerfarbige Karte einlegen und den überstehenden bordeauxroten Rand umknicken. Die zweite champ. Karte einlegen und alle mit den Kordeln zusammenbinden.

Tischkarte: Blümchen mit dem Skalpell aus der bordeauxroten Tischkarte ausschneiden und diese auf die champagnerfarbige aufkleben. (Vorlage H4)

Danksagungskarte: Mit der Schere den rechten Rand abschneiden: (Vorlage H5) Champagnerfarbige Karte einlegen und beide Karten oben lochen. Die Bänder einfädeln und verknoten.

Simon
Herzlichen
Dank

Edel in Grau

Einladungskarte:	Einzelblatt A4 champagner und Elefantenhaut A4 grau Satinband 3mm ca. 80cm
Menükarte:	Karte A5 champagner, Einzelblatt A4 altsilber und champagner, Reststück altsilber 11x13,5cm Silberdraht 0,6mm ca. 60cm Kordel altsilber 2mm x 20cm (2x), 4mm x 90cm Sizoflor silber ca. 14x21cm
Tischkarte:	Reststück altsilber 10x12cm Silberdraht 0,6mm ca. 30cm Kordel altsilber 2 und 4mm je 30cm
Danksagungskarte:	Karte B6 elfenbein, Einzelblatt altsilber Reststück 6,5x17cm altsilber Satinbändchen creme ca. 60cm, Sizoflor 10x17cm
Sonstiges:	Abstandsband, Uhu Stic, Rundstab 8mm

Anleitung: Vorlage E1

Einladungskarte: Die Elefantenhaut bestempeln, falten und den rechten Rand mit der Zackenschere abschneiden. Das Einzelblatt falten und mit dem Satinbändchen einbinden. Die rechte Ecke der Elefantenhaut nach links falten.

Menükarte: Das Sizoflor auf die Vorderseite der Karte mit dem Stic aufkleben und trocknen. Anschließend mit der Zackenschere ca. 2cm des rechten Randes abschneiden. Das silberne und elfenbeinfarbige Einzelblatt einlegen. Den Draht um den Rundstab wickeln und immer wieder zusammenschieben, anschließend auf Kartengröße auseinanderziehen und die Enden umbiegen. Die dicke Kordel in die Karte einlegen und vorne durch die Spirale fädeln. Etwa innerhalb des oberen Viertels verknoten (die dünnen Kordeln mit einbinden). Enden verknoten. Von dem Reststück „Menü" ausschneiden (Vorl. E1), rechte Seite mit der Zackenschere abschneiden und mit dem Abstandsband aufkleben.

Tischkarte: Reststück ringsherum mit der Zackenschere abschneiden und falten. Draht wie bei Menükarte bearbeiten, Kordeln durchziehen und verknoten.

Danksagungskarte: Sizoflor aufkleben und trocknen. Rechte Seite ca. 3cm mit der Zackenschere abschneiden. Einzelblatt auf Größe der Karte zuschneiden. Reststück bestempeln und ebenfalls rechten Rand mit der Zackenschere abschneiden, aufkleben. Einzelblatt mit dem Satinbändchen einbinden.

Menü
Wir möchten
Danke
sagen.

Von Herzen...

Einladungskarte: Einzelblatt met. champagner und rot DIN A4
Sizoflor rot 6,5cm breit, 70cm lang

Menükarte: Karte DIN A5 met. champagner und rot
Einzelblatt (dick) beige für Herzen
Sizoflor in rot, 5x70cm u. Reststückchen für Herzen
Kordel rot 2mm 40cm, Uhu Stic

Serviettenring: Sizoflor rot, 8x40cm u. Reststückchen für Herzen
Einzelblatt met. champ. für Herzen und Namensschild
Kordel rot 2mm 1 mtr.

Danksagungskarte: Karte B6 met. champ. und rot,
Sizoflor rot 4 x50cm

Anleitung: Vorlage B

Einladungskarte: Einzelblatt rot und met. champagner aufeinander legen und wie in B1 beschrieben falten und einschneiden. Das rote Sizoflor um die Karte binden und die Enden einschneiden!

Menükarte: Menükarte met. champagner stempeln. Mit Schere die Bogen einschneiden. Rotes Einzelblatt falten und einlegen. Herzen aus met. champagnerfarbigen Papier ausschneiden und mit Sizoflor bekleben (Vorl.B2). Überstehendes Sizoflor abschneiden. Rote Kordel befestigen (je Herz 20cm). Sizoflorstreifen in die Mitte der Karte legen und nach vorne verknoten, (Kordeln mit Herzen zwischen Knoten einlegen). Zum Schluß Ecken einschneiden!

Serviettenring: Herzen wie bei Menükarte anfertigen. Namenschild in 4,5x10cm zuschneiden, kleine Bogen ausschneiden und lochen. Serviette diagonal einrollen und mit Sizoflor umwickeln und verknoten, Ecken einschneiden. (Kordeln mit Herzen und Namenschild zwischen Knoten einlegen).

Danksagungskarte: Karte stempeln und Bögen ausschneiden. Rote Karte einlegen. Sizoflor in Karte einlegen und vorne verknoten. Ecken schräg abschneiden!

Weiß & Gold

Einladungskarte:	Einzelblatt A4 met. bronze und creme Sizoflor 8x50cm
Menükarte:	Karte A5 Wellpappe weiß Einzelblatt A4 und Reststück 8x21cm met. bronze Kordel 2mm gold und Satinbändchen 3mm creme, je 45cm Holzkugel 10mm gold
Serviettenring:	Reststück met. bronze 6x11cm Messingdraht 0,8mm 14cm 2 Holzperlen Gold 10mm
Danksagungskarte:	Karte B6 weiß gehämmert und met. bronze Kordel 2mm gold und Satinbändchen 3mm creme, je 35cm
Sonstiges:	Zackenschere, Abstandsband, Zange

Anleitung:

Einladungskarte: Die rechte untere Ecke des bronzenen Einzelblattes bestempeln. Mit der Zackenschere etwas abschneiden. Beide Blätter etwas versetzt zusammenrollen und mit dem Sizoflor umbinden. Die Ecken schräg abschneiden.

Menükarte: Die Wellpappekarte seitlich, und das Reststück rechts und links mit der Zackenschere abschneiden. Einzelblatt falten und einlegen. Mit dem Locher 8 Löcher stanzen. Satinbändchen und Kordel einschlingen und vor dem Schlussknoten eine Holzkugel auffädeln. Das Reststück 3x bestempeln und mit Abstandsband aufkleben.

Serviettenring: Reststück mit der Zackenschere schneiden und diagonal mit dem Locher lochen. An einem Ende des Drahtes eine Schlaufe biegen und eine Holzkugel auffädeln. Den Draht durch die Löcher ziehen, und am anderen Ende ebenfalls eine Holzkugel auffädeln und den Rest umbiegen.

Danksagungskarte: Karte met. bronze stempeln und mit der Zackenschere rechte Hälfte unregelmäßig abschneiden und weiße Karte einlegen. 2 Löcher stanzen und das Satinbändchen mit der Kordel über Kreuz verknoten.

MENÜ
MENÜ
MENÜ

Silber marmoriert...

Einladungskarte:	Einzelblatt A4 in altsilber, marmorgrau -und transparent weiß (zum Bedrucken) Sizoflor silber ca. 8x50cm
Menükarte:	Karte A5 in marmorgrau, Einzelblatt altsilber und transparent weiß Kordel altsilber 2 und 4mm je 70cm
Tischkarte:	Reststück altsilber 11x11,5cm und marmorgrau 11x14cm Kordel 2mm 2x35cm
Serviettenring:	Aludraht 2mm silber ca. 1,2mtr
Danksagungskarte:	Karte B6 marmorgrau Reststück altsilber Kordel 2mm 2x25cm

Anleitung: Vorlage F

Einladungskarte: Das altsilberne Einzelblatt in der rechten unteren Ecke bestempeln. Das marmorgraue Papier mit der Zackenschere etwa 3cm kürzen und auf das altsilberne Papier versetzt auflegen und umdrehen. Das transparente bedruckte Papier auflegen. Die drei Papiere nach Vorl. F1 falten. Das Sizoflor herumbinden und locker verknoten. Ecken einschneiden.

Menükarte: Einzelblatt nach Vorlage F2 schneiden, bestempeln und falten. Karte und gefaltetes Einzelblatt einlegen und mit den Kordeln festbinden.

Tischkarte: Einzelblatt altsilber falten. Einzelblatt marmorgrau nach Vorlage F3 schneiden, falten und auflegen. Mit den Kordeln festbinden.

Serviettenring: Den Aludraht in ca. 6-7cm hohe Schlaufen legen, etwas zusammenschieben, zu einem Ring schließen und die Enden verdrehen.

Danksagungskarte: Einzelblatt nach Vorlage F4 zuschneiden und bestempeln. Auf die Karte auflegen, lochen und mit den Kordeln festbinden.

Menü
DANKE
Melissa

Edle Rose

Einladungskarte:	Karte lang petrol und elfenbein Satinbändchen 3mm in petrol und creme je ca. 70cm
Menükarte:	Karte A5 metallic champagner und petrol Einzelblatt Champagner, Satinbändchen 6mm petrol Kordel 2mm Creme je ca. 80cm
Tischkarte:	Reststück petrol 9,5x12,5cm und elfenbein 10x13cm Kordel creme 40cm
Danksagungskarte:	Karte B6 in met.champagner u. petrol Einzelblatt elfenbein Satinbändchen 6mm 30cm (2x)
Sonstiges:	Skalpell, Schneideunterlage

Anleitung:

Einladungskarte (Vorl. D1): Von der Vorderseite der Karte einen 1cm breiten Rand mit der Zackenschere abschneiden. Das Motiv ausschneiden. (Siehe Einleitung) Anschließend die helle Karte mit den zwei Satinbändchen in die grüne Karte einbinden.

Menükarte (Vorl. D2): Aus dem Deckblatt das Motiv ausschneiden.(Siehe Einleitung) Anschließend die petrolfarbige Karte und dann das elfenbeinfarbige Einzelblatt einlegen und mit dem Satinbändchen und der Kordel festbinden.

Tischkarte: Die beiden Reststücke in der Hälfte falten und aus dem petrolfarbigen die Rose ausschneiden. Beide aufeinanderlegen und mit der Kordel zusammenbinden.

Danksagungskarte (Vorl. D3): Einzelblatt auf Größe der Karte zuschneiden. Die helle Karte oben und unten mit der Zackenschere ca. 2cm kürzen und die petrolfarbige Karte , sowie das zugeschnittene Einzelblatt einlegen.
Zwei Löcher stanzen und die beiden Satinbändchen einbinden.
Die Enden verknoten.

Menü
Herzlichen Dank
Sonja

EINLADUNG
Menükarte
Michaela

Gefaltet & verziert

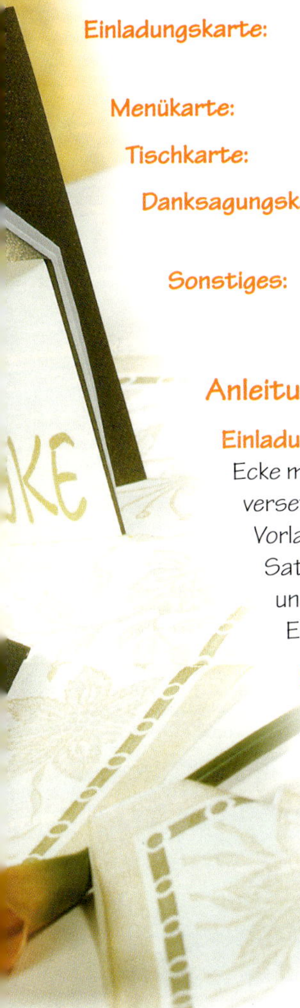

Einladungskarte: Einzelblatt DIN A4 in met. altgold und elfenbein
Satinbändchen 3mm und Kordel 2mm in creme, 90cm lang

Menükarte: Einzelblatt DIN A4 in met. altgold und elfenbein

Tischkarte: Reststück met. altgold 10,5x13cm

Danksagungskarte: Karte B6 elfenbein, Einzelblatt met. altgold und transparent weiß., Satinbändchen creme 3mm 50cm

Sonstiges: Embossingstift

Anleitung: Vorlage A

Einladungskarte: Einzelblatt elfenbein in der rechten äußersten Ecke mit „Einladung" stempeln. Das met. altgoldene Papier 1,5cm versetzt auf elfenbeinfarbiges Einzelblatt legen und wie im Vorlagebogen unter A1 beschrieben falten! Kordel und Satinbändchen unter die erste Falte und hinter die Karte legen und oben Im V-Ausschnitt mit einer Schleife zubinden. Die Enden jeweils verknoten!

Menükarte: Met. altgoldenes Einzelblatt in der linken äußeren Ecke mit „ Menükarte" stempeln. Muster mit Embossingstift und Goldpulver anfertigen. (siehe Einleitung „Embossingtechnik"). Elfenbeinfarbiges auf met. altgoldenes Einzelblatt 0,5cm versetzt auflegen, und wie in A2 beschrieben falten!

Tischkarte: Aus met. altgoldenen Einzelblatt ein Rechteck in 10,5x13cm ausschneiden. Blatt in der Hälfte falten und Muster wie in Vorlage A3 sowie Namen anfertigen! (siehe Einleitung „Embossingtechnik")

Danksagungskarte: Elfenbeinfarbige Karte stempeln. Met. altgoldenes und transp. weißes Einzelblatt auf Größe der Karte zuschneiden und einlegen. Mit Locher 3 Löcher in die linke untere Ecke stanzen. Satinband über Kreuz einbinden. Rechte obere Ecke der Karte einknicken. Transparentes Papier in der Ecke etwas abschneiden.

Mit Perlen verziert...

Einladungskarte: Karte lang rot, Einzelblatt A4 silber, Draht 0,3mm rot
Rocailles 2,6mm silber

Menükarte: Karte A5 rot, Einzelblatt A4 silber, Draht 0,3mm silber
Rocailles 2,6mm rot

Tischkarte: Reststück 9,5x14cm in rot und silber, Draht 0,3mm silber
Rocailles 2,6mm rot

Danksagungskarte: Karte B6 rot, Einzelblatt A4 silber, Band silber 8mm 40cm

Sonstiges: dünne Häkelnadel, Lackmarker extra fein, silber
Skalpell, Schneideunterlage

Anleitung: Vorlage G

Einladungskarte: Das silberne Einzelblatt auf die Schneideunterlage legen, das Schnittmuster übertragen, mit dem Skalpell ausschneiden und falten.(Vorl. G1) Rote Karte einlegen und von der Vorlage den Schriftzug mit der „Bleistift-Methode“ übertragen und mit silbernem Lackmarker nachmalen.

Auf den Draht einige Perlen auffädeln und eine Schnur aus ca. 44cm Länge häkeln, wobei immer einige Perlen mit eingehäkelt werden. Anschließend die beiden Enden zusammenfassen und nochmals ohne Perlen Luftmaschen von ca. 22cm häkeln und in die Karte einlegen. Die beiden Perlenstränge verdrehen, außen an der Karte entlang legen und das Ende mit dem der Luftmaschen verdrahten.

Menükarte: Die rote Karte auf die Schneideunterlage legen, Schnittmuster übertragen (Vorl.G2), mit dem Skalpell ausschneiden und falten. Silbernes Einzelblatt einlegen und wie bei „Einladungskarte“ beschrieben weiter verfahren.

Tischkarte: Aus dem roten Reststück wieder mit dem Skalpell das Muster ausschneiden und falten (Vorl. G3). Das silberne Stück falten und einlegen. Perlenstrang von ca. 19cm und Luftmaschen von 10cm häkeln. (Wie bei Einladungskarte beschrieben).

Danksagungskarte: Aus der roten Karte mit dem Skalpell das Muster ausschneiden (Vorl. G4). Mit der „Bleistift-Methode“ den Schriftzug übertragen und mit silbernem Lackmarker bemalen. Silbernes Einzelblatt auf Größe der Karte zuschneiden und einlegen. Karte lochen und silbernes Band einbinden.

Mit der Schere geschnippelt...

Einladungskarte:	Karte B6 metallic champagner und bordeaux Satinbändchen creme 3mm x 60cm
Menükarte:	Einzelblatt met. champagner und bordeaux Einzelblatt met. champ. 12x21cm Satinbändchen creme 3mm x 110cm
Tischkarte:	Einzelblatt met. champ. und bordeaux in 10x12cm Satinbändchen creme 3mm x 25cm (2x)
Danksagungskarte:	Karte B6 bordeaux und met. champagner Satinband 3mm x 50cm
Sonstiges:	Zackenschere

Anleitung:

Einladungskarte: Karte stempeln. Von der Vorderseite den rechten Rand mit der Zackenschere 1cm tief einschneiden. Karten falten und jeweils am Knick entlang unterschiedliche Ecken einschneiden. Satinband einlegen und unten verknoten.

Menükarte: Deckblatt stempeln. Einzelblatt met. champ.(12x21cm) beschriften und oben und unten unregelmäßige Ecken einschneiden. Ebenso bei Deckblatt an den schmalen Seiten. Bordeauxfarbiges Einzelblatt genau auflegen. Beschriftetes Blatt etwas außerhalb der Mitte einlegen und mit Locher oben lochen. Satinband teilen , beide Bänder durchziehen und in der rechten oberen Ecke mit Schleife zubinden. Beide Außenseiten der Karte nun nach innen klappen (evtl. etwas einritzen).

Tischkarte: Beide Karten falten und am Knick wie bei Einladungskarte einschneiden. Übereinanderlegen und geteiltes Satinband in der linken oberen Ecke verknoten.

Danksagungskarte: Verarbeitung wie Einladungskarte. Oben ein Loch mit dem Locher stanzen und geteiltes Satinband durchziehen und verknoten!

Einladung
MENÜ
Andre'
DANKE

Menükarte
DANKE
wir trauen uns

Blau dekoriert...

Einladungskarte:	Karte lang marineblau, Einlageblatt A4 elfenbein Reststück elfenbein 6x21cm und marineblau 3,5x11cm Silberband 8mm 2x50cm
Menükarte:	Karte A5 in marineblau und elfenbein Reststück elfenbein 7x21cm und marineblau 5,5x13,5cm Silberband 8mm 55cm (2x)
Tischkarte:	Tischkarte marineblau, Reststück elfenbein 4x9cm Silberband 8mm 25cm
Serviettenring:	Edelstahldraht 0,4mm blau ca. 2 mtr. Rocailles 2,6 und 4mm weiß
Danksagungskarte:	Karte B6 marineblau und elfenbein Reststück 6,5x9,5cm Elfenbein, Silberband 8mm 2x35cm
Sonstiges:	Abstandsband, Zackenschere

Anleitung:

Einladungskarte: Karte marineblau rechts sowie Reststück elfenbein rechts und links mit Zackenschere abschneiden. Einzelblatt auf Kartengröße zuschneiden und einlegen. Reststück marineblau mit Zackenschere schneiden und bestempeln. Reststück elfenbein auf Karte aufkleben und wiederum hierauf das kleine marineblaue Stück mit Abstandsband aufbringen. Karte oben einmal lochen und die zwei Bänder einbinden.

Menükarte: Die beiden Karten entlang der Falz auseinanderschneiden. Deckblatt genau so verarbeiten wie bei Einladungskarte! Teile zusammenlegen und links lochen. Mit den Bändern zusammenbinden.

Tischkarte: Reststück mit der Zackenschere zuschneiden und auf die Tischkarte aufkleben. Rechts außen lochen, Band einziehen und zu einer Schleife binden.

Serviettenring: Wahllos die Perlen auf den Draht auffädeln(ca. 70 St.). Um die Serviette wickeln und dabei die Perlen verteilen. Enden verdrehen.

Danksagungskarte: Marineblaue Karte oben mit der Zackenschere 3cm abschneiden. Reststück mit der Zackenschere ringsherum abschneiden, bestempeln und mit Abstandsband aufkleben. Elfenbeinfarbige Karte einlegen und mit Locher innerhalb der blauen Fläche oben und unten je 2 Löcher stanzen. Die Bänder über Kreuz einlegen und mit einer Schleife zubinden.

Mit Blütenranke...

Einladungskarte: Einzelblatt A4 met. champagner
Einzelblatt A4 Streifen kiwi
Sizoflor gold 5x50cm

Menükarte: Karte A5 met. champagner, Einzelblatt A4 Streifen kiwi
Satinbändchen kiwi 3 und 6mm je 70cm
Blütenranke creme 25cm

Tischkarte: Reststück met. champ. 11x13cm
Satinbändchen kiwi 3 und 6mm je 45cm

Serviettenring: Aludraht 2mm gold ca. 50cm
Satinbändchen kiwi 3 u. 6mm 50cm, Blütenranke 50cm

Danksagungskarte: Karte lang elfenbein, Einzelblatt A4 kiwi
Satinbändchen 3 und 6mm je 40cm

Anleitung:

Einladungskarte: Stempel auf die untere rechte Seite stempeln. Karte umdrehen, mit Lineal und mit der Rückseite eines Teppichmessers zum besseren Falten der Karte eine Nut einritzen. Erste Nut ca. bei 12cm, Zweite Nut bei ca. 24,5cm. Seiten nun nach innen falten. Das Einlageblatt so falten, dass noch 1cm davon vorne aus der Karte herausragt!

Menükarte: Karte in der Mitte stempeln. Mit der Zackenschere im Wellenschnitt ein Stück seitlich wegschneiden. Blatt kiwi falten und einlegen. Die beiden Satinbändchen in die Karte einbinden und vorne etwas oberhalb der Hälfte verknoten. Die Blütenranke um die Satinbändchen herumschlingen und die Enden nach innen in die Karte knicken.

Tischkarte: Reststück mit Zackenschere zuschneiden und in der Hälfte falten. Die Satinbändchen einbinden und oben verknoten.

Serviettenring: Draht doppelt zu einem Ring von ca. 6cm verdrehen, und das Ende wie eine Schlange nach vorne biegen. Mit den Satinbändchen den Ring umwickeln und verknoten. Blütenranke zu erst um die Schlange und dann um den Ring schlingen.

Danksagungskarte: Karte am Falz auseinanderschneiden. Eine Seite oben rechts stempeln und mit der Zackenschere im Wellenschnitt etwas abschneiden. Papier kiwi doppelt auf Größe der Karte zuschneiden und einlegen. 4 Löcher stanzen und die geteilten Satinbändchen einbinden.

Menü
wir trauen uns
Daniela
Herzlichen Dank

EINLADUNG
DANKE
Elisabeth
MENÜ

Mit Perlen gefädelt...

Einladungskarte:	Karte lang petol, Einzelblatt A4 marmorgrau Reststück Wellpappe silber 5,5x21cm Kordel 2mm Silber ca. 60cm
Menükarte:	Karte A5 petrol, Einzelblatt A4 silber Reststück Wellpappe silber 13x21cm und petrol 5,5x9cm Draht 0,4mm silber, Silberperlen 4 und 6mm insg. ca. 60St. Rocailles transp. und Stäbchenperlen m. Silbereinzug 2,6mm Kordel 2mm silber 70cm.
Tischkarte:	Tischkarte petrol, Reststück Wellp. Silber und petrol ca. 4x8cm Kordel silber 2mm ca. 30cm
Serviettenring:	Wellpappe silber 4x20cm, Silberdraht 0,4mm Rocailles 2,6mm und Stäbchenperlen transp. mit Silbereinzug Wachsperlen 4 und 6mm insg. ca. 30St.
Danksagungskarte:	Karte B6 petrol und marmorgrau Reststück Wellpappe silber 5,5x14,5cm und petrol 5,5x8,5cm
Sonstiges:	Abstandsband, Nadel, Zackenschere, Heftklammern

Anleitung:

Einladungskarte: Die Kante der petrolfarbigen Karte mit der Zackenschere abschneiden, ebenso den rechten Rand der Wellpappe. Das Wellpappestück aufkleben und die Karte stempeln. Das Einzelblatt auf Kartengröße zuschneiden, einlegen und mit der Kordel einbinden

Menükarte: Reststück petrol stempeln und auf die Wellpappe mit Abstandsband aufkleben. Langes Stück Draht von hinten nach vorne durchstechen (evtl. Nadel zum Vorstechen verwenden). Ein grobes, unregelmäßiges Netz mit dem Draht sticken, wobei auf der Vorderseite immer Perlen aufgefädelt werden. Hinten verdrahten, die Wellpappe rechts und links mit der Zackenschere abschneiden und mit dem Abstandsband auf die petrolfarbige Karte aufkleben. Silbernes Einlegeblatt falten und mit der silbernen Kordel einbinden.

Tischkarte: Die beiden Reststücke mit der Zackenschere zuschneiden und mit Abstandsband aufkleben. Kordel einbinden.

Serviettenring: Reststück mit der Zackenschere zuschneiden und zu einem Ring schließen. Mit dem Heftklammerer befestigen. Auf den Draht die Perlen auffädeln und um den Ring wickeln. Darauf achten, dass die Perlen auf der Vorderseite sind.

Danksagungskarte: Die beiden Reststücke mit der Zackenschere zuschneiden und den petrolfarbigen bestempeln. Mit dem Abstandsband aufkleben. Die marmorfarbige Karte einlegen und mit einem Tupfen Klebstoff auf der Hinterseite befestigen.

Mit ganz viel Liebe...

Einladungskarte:	Karte bordeaux lang, Einzelblatt A 4 silber Kordel bordeaux und silber 2mm, 80cm lang
Menükarte:	Karte bordeaux A5 Einzelblatt A4 und Reststück Silber Kordel bordeaux und silber 2mm je 80cm, Holzkugeln 6mm silber
Tischkarte:	Tischkarte bordeaux, Reststück 10,5x9,5cm silber Kordel 2mm silber 40cm, 6 Holzkugeln 6mm silber
Danksagungskarte:	Karte bordeaux B6, Einzelblatt silber Kordel dünn Silber 120cm
Sonstiges:	Abstandsband, Schere

Anleitung: VorlageK

Einladungskarte: Silbernes Einlegeblatt auf gleiche Größe wie bordeauxrote Karte zuschneiden. Herzen aus Resten des Einlegeblattes ausschneiden und auf die bordeauxrote Karte mit Abstandsband aufkleben (Vorl. K1). Anschließend um die Herzen ca. 0,5cm breit mit Schere oder Skalpell einen Rand herum abschneiden. Silbernes Papier einlegen, die beiden Kordeln verdrehen und einbinden.

Menükarte: Genau so verfahren wie bei Einladungskarte (Vorl. K2). Auf die Kordeln die Holzperlen wie abgebildet auffädeln.

Tischkarte: Silbernes Reststück falten und in die Tischkarte einlegen. Auf die Kordel 6 Perlen auffädeln und an Tischkarte verknoten.

Danksagungskarte: Karte stempeln, wobei noch etwas von dem Embossingpulver leicht über den Schriftzug verstreut und mitgetostet wird. Rand nach Vorlage K3 abschneiden. Silbernes Papier zuschneiden und einlegen. Karte lochen, Kordel in 15cm lange Stücken schneiden und einbinden. Die Enden verknoten!

Nadine
Herzlichen Dank

Einladung
zu unserer
Hochzeit
Wir möchten
Danke
sagen.
Verena